AF235597

Glück versus Ehe

Alex Böhm

GLÜCK versus EHE

Zwölf Regeln für ein glückliches Männerleben

Bibliografische Information der Deutschen Nationalbibliothek:
Die Deutsche Nationalbibliothek verzeichnet diese Publikation in der Deutschen Nationalbibliografie; detaillierte bibliografische Daten sind im Internet über http://dnb.dnb.de abrufbar.

Illustration: Alex Böhm

Herstellung und Verlag: BoD – Books on Demand, Norderstedt

ISBN: 978-3-**7528-3081-1**

Inhaltsverzeichnis:

Vorwort

Regel 1: Nicht heiraten

Regel 2: Niemals heiraten

Regel 3: Vermeiden zu heiraten

Regel 4: Unter keinen Umständen
          heiraten

Regel 5: Heirat umgehen

Regel 6: Auf keinen Fall heiraten

Regel 7: Unverheiratet leben

Regel 8:   Unverheiratet sein

Regel 9:   Unverheiratet bleiben

Regel 10: Heiraten unterlassen

Regel 11: Heirat auf nie verschieben

Regel 12: Ohne Reue nie heiraten

Test

Zusammenfassung

Zur mentalen Stärkung

Zitate, Richtigstellungen und Witze

Überschriften für Notizen

Nachwort

Vorwort

Viele Ratgeberbücher zählen auf, was man tun muss um glücklich zu sein, aber:

Für das Lebensglück ist es auch wichtig auf manches zu verzichten!

Wir stellen uns eher vor, was wir verpassen wenn wir etwas unterlassen, anstatt uns vorzustellen welchen Verdruss und wie viele Probleme man sich erspart, wenn man etwas sein lässt.

Gier treibt uns an, etwas zu tun was uns nichts bringt. In dem Film „Blow up" zerschlägt ein Musiker seine Gitarre und wirft sie ins Publikum. Dort beginnt eine Prügelei um die Gitarre. Der Sieger rennt mit der Gitarre raus, auf die Straße. Dort betrachtet er die kaputte Gitarre und wirft sie weg.

Das was mit diesem Buch gelernt werden soll zu vermeiden, kann nicht oft genug wiederholt gesagt werden, weil das leicht vergessen wird, sobald das Leben mit einem Lächeln zum folgenschwersten, teuersten und einflussreichsten Fehler im Leben verführt.

Dieses Buch möchte vor dem Heiraten warnen, wobei schon die Vorstufe davon vermieden werden sollte: Das Zusammenwohnen.

Der Singlehaushalt ist ein Eckpfeiler des Lebensglücks. Viele wollen das nicht glauben weil sie sich nicht vorstellen können wie schrecklich im Vergleich zum Singleleben ein Zusammenleben mit einem Lebenspartner ist.

Bösartige Menschen verbreiten die Propaganda, das Singledasein sei nicht gut. Glauben Sie nicht deren Lügen. Wer darauf hereinfällt und sogar heiratet, wird bald merken, dass das Leben vorher besser war.

Unsere Psyche ist leider so ausgelegt, dass sie nicht konsequent Ärger und Stress vermeidet, sei es aus Neugier, Langeweile oder Nachahmungsneid. Vielleicht fühlen sich manche von den Problemen der Zweisamkeit herausgefordert und glauben diese meistern zu können, aber dieser Kampf ist andauernd und sieglos. Man macht sich nur zum Deppen.

Wenn einer erzählt er habe geheiratet und habe zwei Kinder und hätte sich ein Haus gekauft, dann ist die einzige gesunde Reaktion darauf Mitleid mit dem armen Kerl, der dermaßen in die Klemme geriet.

Single sein ist eine gute Voraussetzung um Karriere zu machen. Man verdient immer mehr Geld und denkt: Eigentlich könnte ich eine Familie finanzieren. Fazit: Man bemüht sich, um sich leisten zu können, sich sein Leben schwer zu machen.

Das Leben eines Ehemanns ist eine einzige Demütigung. Das Hintergrundrauschen der Ehe ist Nörgelei und Beklagen.

Es gibt keine harmonischen Ehen. Manche Paare mögen nach außen glücklich erscheinen. Anstatt diesen schönen Schein zu durchschauen, neckt uns die Psyche mit Neid.

Der Inhalt dieses Buches soll Ihnen helfen sich nicht von Neid irreführen zu lassen.

Aus schlechten Erfahrungen lernen, kostet viel Zeit und Geld. Das kann Ihnen das Buch mit seinen Warnungen ersparen.

Mögliche Zeiten des Alleinseins sollte man für Beschäftigungen benutzen, die einen interessieren, um somit bei sich zu sein. Das gibt innere Ruhe.

Je unzufriedener jemand ist und je mehr jemand aus seiner inneren Harmonie gekippt ist, desto mehr ist so ein Mensch anfällig für die Ehe, weil dort eine vermeintliche Stütze gegen die eigene Unausgeglichenheit erwartet wird. Besonders Frauen erwarten das. Eine untragbare Verantwortung für ihr Wohlbefinden bürden sie damit ihrem Partner auf.

Regel 1

Regel eins

Nicht heiraten

Nicht heiraten, nicht heiraten, nicht heiraten, nicht heiraten, nicht heiraten.

Nicht heiraten, nicht heiraten, nicht heiraten, nicht heiraten, nicht heiraten, nicht heiraten, nicht heiraten, nicht heiraten.

Nicht heiraten, nicht heiraten, nicht heiraten, nicht heiraten, nicht heiraten.

Nicht heiraten, nicht heiraten, nicht heiraten, nicht heiraten, denn die Freizeit verschwindet auf nicht mehr Wiedersehen für den verheirateten Mann.

Regel 2

Regel zwei

Niemals heiraten

Niemals heiraten, niemals heiraten, niemals heiraten, niemals heiraten, niemals heiraten, niemals heiraten, niemals heiraten.

Niemals heiraten, niemals heiraten, niemals heiraten, niemals heiraten, niemals heiraten.

Niemals heiraten, niemals heiraten, niemals heiraten, niemals heiraten, niemals heiraten, niemals heiraten, denn verheiratet vergeht die Lebenzzeit gefühlt dreimal so schnell, weil die mit Einkaufsbummelei der Frau und den Vorstellungen der Frau wie der Haushalt zu führen ist, ermüdend abgenutzt wird.

Regel 3

Regel drei

Vermeiden zu heiraten

Vermeiden zu heiraten, vermeiden zu heiraten, vermeiden zu heiraten, vermeiden zu heiraten, vermeiden zu heiraten, vermeiden zu heiraten, vermeiden zu heiraten, vermeiden zu heiraten.

Vermeiden zu heiraten, vermeiden zu heiraten, vermeiden zu heiraten, vermeiden zu heiraten.

Vermeiden zu heiraten, vermeiden zu heiraten, vermeiden zu heiraten, vermeiden zu heiraten, vermeiden zu heiraten, denn als Ehemann hat man nie Feierabend.

Regel 4

Regel vier

Unter keinen Umständen heiraten

Unter keinen Umständen heiraten, unter keinen Umständen heiraten, unter keinen Umständen heiraten, unter keinen Umständen heiraten, unter keinen Umständen heiraten, unter keinen Umständen heiraten.

Unter keinen Umständen heiraten, unter Umständen heiraten, unter keinen Umständen, unter keinen Umständen heiraten.

Unter keinen Umständen heiraten, unter keinen Umständen heiraten, denn die Ehe macht Männer zu apathischen Marionetten.

Regel 5

Regel fünf

Heirat umgehen

Heirat umgehen, Heirat umgehen, Heirat umgehen, Heirat umgehen, Heirat umgehen.

Heirat umgehen, Heirat umgehen, Heirat umgehen, Heirat umgehen, Heirat umgehen, umgehen, Heirat umgehen, Heirat umgehen, Heirat umgehen.

Heirat umgehen, Heirat umgehen, Heirat umgehen, denn Heiraten führt zu einer Geldentwertung von 50%.

Regel 6

Regel sechs

Auf keinen Fall heiraten

Auf keinen Fall heiraten, auf keinen Fall heiraten, auf keinen Fall heiraten.

Auf keinen Fall heiraten auf keinen Fall heiraten , auf keinen Fall heiraten, auf keinen Fall heiraten, auf keinen Fall heiraten, auf keinen Fall heiraten, auf keinen Fall heiraten, auf keinen Fall heiraten, auf keinen Fall heiraten, auf keinen Fall heiraten, auf keinen Fall heiraten.

Auf keinen Fall heiraten, auf keinen Fall heiraten, denn sonst bestehen auf einmal schier unzählige Regeln im Haushalt, die nicht nötig sind.

Regel 7

Regel sieben

Unverheiratet leben

Unverheiratet leben, unverheiratet leben, unverheiratet leben.

Unverheiratet leben, unverheiratet leben, unverheiratet leben, unverheiratet leben, unverheiratet leben, unverheiratet leben, unverheiratet leben, unverheiratet leben, unverheiratet leben, unverheiratet leben.

Unverheiratet leben, unverheiratet leben, unverheiratet leben, unverheiratet leben, unverheiratet leben, unverheiratet leben, unverheiratet leben, unverheiratet leben, unverheiratet leben, unverheiratet leben, denn ein Ehemann ist man immer nur in Vollzeit, mit Siebentagewoche.

18

Neben den eigenen Alltagsproblemen bekommt es der Mann auch noch mit denen der Frau zu tun.

Regel 8

Regel acht

Unverheiratet sein

Unverheiratet sein, unverheiratet sein, unverheiratet sein unverheiratet sein, unverheiratet sein, unverheiratet sein, unverheiratet sein, unverheiratet sein, unverheiratet sein, unverheiratet sein.

Unverheiratet sein, unverheiratet sein, unverheiratet sein, unverheiratet sein, unverheiratet sein, unverheiratet sein, unverheiratet sein, unverheiratet sein unverheiratet sein, denn verheiratet sein verlangt den eigenen Willen zu unterdrücken.

Regel 9

Regel neun

Unverheiratet bleiben

Unverheiratet bleiben, unverheiratet bleiben, unverheiratet bleiben, unverheiratet bleiben, unverheiratet bleiben, unverheiratet bleiben, unverheiratet bleiben, unverheiratet bleiben, unverheiratet bleiben, unverheiratet bleiben, unverheiratet bleiben.

Unverheiratet bleiben, unverheiratet bleiben, unverheiratet bleiben.

Unverheiratet bleiben, unverheiratet bleiben, unverheiratet bleiben, unverheiratet bleiben, denn das Eheleben unterdrückt die Natur des Mannes. Der lebt nicht mehr sein Leben. Das Leben eines Ehemanns ist eine Lüge. Ein Leben als Ehemann ist gar kein Leben mehr.

Regel 10

Regel zehn

Heiraten unterlassen

Heiraten unterlassen, heiraten unterlassen, heiraten unterlassen, heiraten unterlassen, heiraten unterlassen, heiraten unterlassen, heiraten unterlassen. Heiraten unterlassen, heiraten unterlassen, heiraten unterlassen, heiraten unterlassen, heiraten unterlassen.

Heiraten unterlassen, heiraten unterlassen, heiraten unterlassen, heiraten unterlassen.

Heiraten unterlassen, heiraten unterlassen, heiraten unterlassen.

Heiraten unterlassen, heiraten unterlassen, heiraten unterlassen, heiraten unterlassen, heiraten unterlassen, denn die Ehe verkürzt bei Männern das Leben. Ehemänner sterben durchschnittlich 6 Jahre früher als ihre Ehefrauen. Mönche hingegen werden fast genauso alt wie Frauen. Man könnte annehmen, dass Mönche länger leben weil sie weniger Stress im Kloster haben als die Männer im üblichen Alltag, aber dann müssten auch die Nonnen entsprechend länger leben als die Ehefrauen im üblichen Alltag. Nonnen werden aber nicht älter als Ehefrauen. (siehe Quellenangaben)

Regel 11

Regel elf

Heirat auf nie verschieben

Heirat auf nie verschieben, Heirat auf nie verschieben, Heirat auf nie verschieben, Heirat auf nie verschieben.

Heirat auf nie verschieben, Heirat auf nie verschieben, Heirat auf nie verschieben, Heirat auf nie verschieben, Heirat auf nie verschieben, Heirat auf nie verschieben.

Heirat auf nie verschieben, Heirat auf nie verschieben, Heirat auf nie verschieben. Männer erfüllen sich ihre Wünsche selbst, aber Ehefrauen erwarten, dass ihre Wünsche von ihren Ehemännern erfüllt werden. Eine unaufhörlich nachwachsende Liste an Wünschen soll abgearbeitet werden, um die labile

24

Stimmung der Frau im Gleichgewicht zu halten. Valentinstag, Geburtstag, Weihnachten, Hochzeitstag teilen das Jahr in einen Hürdenlauf von einem Geschenkeinkauf zum nächsten ein. Aufmerksamkeiten und freudige Überraschungen werden auch zwischendurch erwartet. Dafür gehen das Geld und die Zeit eines Ehemanns drauf.

Regel 12

Regel zwölf

Ohne Reue nie heiraten

Ohne Reue eine Heirat meiden, ohne Reue eine Heirat meiden, ohne Reue eine Heirat meiden.

Ohne Reue eine Heirat meiden, ohne Reue eine Heirat meiden, ohne Reue eine Heirat meiden, ohne Reue eine Heirat meiden.

Ohne Reue eine Heirat meiden, ohne Reue eine Heirat meiden, denn alltägliche Entscheidungen, auch unbedeutend kleine, werden in der Ehe überflüssig lange und nicht zielführend diskutiert.

Zusammenfassung:

Vermeiden zu heiraten.

Ist ihre Lebensglück als Mann in Gefahr?

Hier der Test:

Sie wollen heiraten? (0 Punkte)

Sie würden heiraten? (0 Punkte)

Sie könnten sich vorstellen zu heiraten? (0 Punkte)

Sie sind nicht sicher ob sie mal heiraten werden? (1 Punkt)

Sie wollen standhaft eine Heirat umgehen? (500 Punkte)

Lösung:
Bei weniger als 500 Punkt ist Ihr Glück in Gefahr.

Zum Test des Lernerfolges hier ein Lückentext:

Unter keinen Umständen _____ .
Niemals _____.
Unverheiratet_____.
Ein _____ ist nur noch ein Hampel-
mann.
Die Hälfte des _____ wird für unnötige
Einkäufe verschwendet.

Zur mentalen Stärkung:

Verheiratet sein wird als Normleben eingeredet. Besser aber sich selbst treu bleiben und sich an keine gesellschaftliche Norm weggeben, die nicht zum eigenen Selbst passt.

Warnung:
Gesellschaftliche Normen können Ihr Glück gefährden!

Füllen Sie Ihr Leben mit einem Hobby aus und nicht mit einer Partnerschaft. Jedes wie auch immer geartete, seltsame oder dekadente Singledasein ist besser als das Leben eines Ehemanns zu erdulden.

Sollten Sie schüchtern gegenüber Frauen sein, dann freuen Sie sich darüber, denn Ihre Schüchternheit kann Sie vor der Ehe retten. Aber verlassen Sie sich nicht nur auf Ihre Schüchternheit, denn auch schüchterne Männer werden bisweilen geheiratet.

In den Männern wohnt eine Sehnsucht nach dem Singledasein. So ist auch zu erklären warum Singlehelden aus der Unterhaltungsbranche so populär sind. James Bond, Luke Skywalker, Lucky Luke und weitere Singles aus Film und Buch befriedigen die Sehnsucht nach dem freien Singleleben.

Nur herzlose, auf sich fixierte Egoisten, die das Wohl der Ehefrau nicht berührt und weghören können, halten vielleicht das Leben eines Ehemanns aus.

Zitate, Richtigstellungen und Witze

Der Mensch sei nicht gerne allein. Diese Verkündigung der Zweisamkeit ist ein Fluch, der über die Männer ausgesprochen wurde.

Die Evolution will die Familie für den Fortbestand der Art. Aber die Evolution interessiert nicht ob Männer glücklich sind. Dem Ruf der Evolution muss deshalb nicht gefolgt werden. Die Evolution ist unbrauchbar als Orientierung oder gar als Religion, denn die Evolution hilft der Art, ist aber grausam gegen das Individuum.

Heiraten ist ein Verbrechen gegen die Männlichkeit.

Leichtsinniges Gelaber eines Romantikers: „Meine Liebe zu dir gibt mir Kraft." „Dann spare ich mir die Möbelpacker und du erledigst meinen Umzug."

„Warum die Richtige suchen. Bisher hatte ich Spaß mit den Falschen."

Richtige Verabschiedung von der Falschen: „Meine Telefonnummer? Die findest du im Telefonbuch."
„Und wie ist dein Name?"
„Steht auch im Telefonbuch. Tschau."

Der Vorteil einer hübschen Geliebten ist: Mann wird sie leichter wieder los.

Eine Heirat ist der letzte Witz. Danach vergeht einem das Lachen.

Die Frau auf das Anmachen für Sex: „Sex gibt es mit mir erst in der Ehe."
„Dann frage ich dich noch mal wenn du verheiratet bist."

„Wie wäre es mit uns beiden? Sollen wir heiraten?"
„Vielleicht, aber wen?"

„Ich musste meine Hochzeit schon zweimal verschieben. Ist das ein schlechtes Omen?", meint ein Mann.
„Nicht wenn du so weiter machst."

„Wenn wir verheiratet sind, dann werden wir uns **gemeinsam** um unsere Sorgen kümmern.", freut sich die Frau.
„Ich habe keine Sorgen."
„Wenn wir verheiratet sind, dann schon."

Im Warteraum des Standesamts fragt die Frau nach einer Weile den Standesbeamten: „Geht das nicht schneller vorwärts? Er wird allmählich nachdenklich."

„Wie war die Hochzeitreise."
„Nicht gut. Im Hotel war der Fernseher kaputt."

„Ihr habt geheiratet?"
„Ja. Erst wollten wir gute Freunde bleiben. Dann haben wir es uns anders überlegt."

„Wären die Menschen vernünftig, dann könnten viele Scheidungen vermieden werden."
„Wären die Menschen vernünftig, dann würden sie nicht heiraten."

„Ich bin zum Vizegeschäftsleiter aufgestiegen."
„Ich bin zum Vizegeschäftsleiter abgestiegen - bei mir zu Hause, seit ich Ehemann bin."

„Auf die Partnervermittlung, über die wir uns kennengelernt haben, wurde gestern ein Anschlag verübt."
„Ich habe für gestern ein Alibi."

„Ich weiß nicht was ich meiner Frau zum Geburtstag schenken soll."
„Frage sie doch."
„Das käme mir zu teuer."

„Du bist nur lieb zu mir wenn du Geld von mir willst."
„Ist das dir noch nicht oft genug?"

Frau bekundet: „Ich habe mich auf den ersten Blick in diese Halskette verliebt." „Dann schnell weg von hier, damit ich nicht eifersüchtig werde."

Seine Teuerste erklärt: „Unsere Bank muss pleite sein, ich bekomme keinen Kredit mehr."

Mann entschuldigt sich: „Hör auf beleidigt zu sein. Ich gebe zu, dass ich mich vorhin geirrt habe."
„Zu spät. Ich habe meine Meinung zu der Angelegenheit geändert."

„Ich will nach Spanien und meine Frau nach Kanada?"
„Und wo geht es nun hin?"
„So eine überflüssige Frage kann nur einer stellen, der nicht verheiratet ist."

Ein kleinlauter Mann: „Seit 10 Jahren korrigierst du was ich sage."
„Seit 11 Jahren."

„Angeklagter, sie haben das letzte Wort.“
„Wie? Das bin ich als Ehemann nicht gewohnt.“

„Du siehst erholt aus. Warst du in Urlaub?“
„Nein. Aber meine Frau.“

„Ich glaube meine Frau ist nicht treu. Wir wohnten in München und nun leben wir in Berlin, aber es kommt immer noch der gleiche Briefträger.“

„Kannst du mir vergeben, dass ich weggelaufen bin?“
„Ja, aber nicht dass du zurückgekommen bist.“

Ein betrunkener Ehemann stolpert in den Bus und rempelt drinnen eine Frau an. Die gibt ihm eine Ohrfeige. Der Betrunkene lallt: „Oh, bin ich schon zu Hause?“

„Warum kommst du so spät nach Hause? Es ist schon 5 Uhr morgens."
„Wenn ich früher nach Hause gekommen wäre, dann wäre jetzt auch 5 Uhr."

Die Ehefrau schimpft: „Du bist total besoffen. Das wird Konsequenzen haben."
„Aber ich bin doch schon bestraft: Ich sehe dich doppelt."

„Nach 30 Jahren Ehe, was reizt dich da noch bei deiner Frau?"
„Jedes Wort."

Die Entstehung des Universums – ein Rätsel. Ein Mann, der ein zweites Mal heiratet – ein noch größeres Rätsel. Beim nächsten Mal wird nichts anders, denn die Probleme liegen in der Natur der Sache und Mann selbst bleibt wie Mann ist.

Als kleiner Ausgleich - Witze für Ehefrauen gegen Ehemann:

„Wie konntest du nur vor allen sagen ich sei ein Dummkopf?"
„Ich wusste nicht, dass du das geheim halten wolltest."

„Ich habe in 5 Wochen die Hälfte abgenommen."
„Dann faste noch mal 5 Wochen."

„Mein Mann ist geschäftlich immer unterwegs und nur 4 Wochen im Jahr zu Hause."
„Das muss schlimm sein."
„Es geht. Die 4 Wochen gehen rum."

„Betrügst du deinen Ehemann?"
„Wen sonst?"

„Du hast immer noch den alten Geschirrspüler?"

Platz für Notizen was Sie als freier Mann alles tun können - oder auch lassen können, wie es Ihnen beliebt:

_____

Platz für Notizen was Sie als Ehemann an eigenen Ideen noch unternehmen können:

_____

Platz für Notizen für die Pflichten als freier Mann:

_____

Platz für Notizen für Ihre Pflichten als Ehemann:

_____

Wer nichts mit sich anzufangen weiß,
der heiratet.

Nachwort

Alle Bücher zur Ehe beinhalten nur wenige Gründe für das Heiraten. Meist beschränken die sich auf nur ein Argument: Die Heirat würde die Bindung zweier Menschen stärken. Tatsächlich ist die Heirat der letzte Liebesbeweis wenn die Bindung in einer Zweierbeziehung beginnt zu schwächeln. Nach diesem letzten Liebesbeweis geht es dann weiter bergab. Eine Heirat ist eigentlich nur ein hohles Symbol eines Leibesbeweises.

Eine Trennung aus einem Zusammenleben ohne Trauschein heraus ist leichter vollzogen und ohne Beteiligung von Beamten möglich. Im Vergleich dazu ist eine Trennung von Verheirateten eine kostspielige bürokratische Angelegenheit. Wie verrückt muss man sein, sich mit einer Heirat freiwillig überflüssiger Bürokratie auszusetzen? Bei einer Trennung von einem Ehepaar schreibt der Gesetzgeber eine langwierige

Scheidungsprozedur vor. Spätestens dann wird klar, dass eine Heirat eine gesetzliche zementierte Unfreiheit ist.

Also vernünftig sein und die Regeln für ein glückliches Männerdasein in diesem Buch beachten.

Bleiben Sie sich selbst treu. Treue zu einem anderen Menschen kann zu einem Akt der Selbstaufgabe verkommen. Zweisamkeit halbiert Ihr Selbst. Sie gehören nicht mehr ganz sich selbst.

Also Ruhe bewahren, wenn das Leben dazu anreizt, das reale Singleglück für eine Illusion von Glück zu opfern.

Quellenangaben:

- Eigene Erfahrung des Autors

- Marc Luy: Warum Frauen länger leben, aus: Materialeien zur Bevölkerungswissenschaft 2002

-Marc Luy: Geschlechterdifferenzen – und kein Ende? Berlin/Münster 2009